Scenes
from
EWHA

Scenes
from
EWHA

이화여자대학교는 1886년 미국 감리교 해외여선교회 스크랜튼 여사가 기독교 정신과 여성적 가치를 이념으로 설립했습니다. 서울 정동의 자택에서 단 한 명의 학생으로 시작한 이화학당은 이후 발전을 거듭하며 1935년에 지금의 신촌 캠퍼스로 자리를 옮겼습니다.

이화 캠퍼스는 원래 조선 왕실이 능터로 쓸 만큼 명당이었습니다. 이곳에 캠퍼스를 만들면서 은행나무와 목련 등을 다양하게 심어 사계절의 아름다움을 고스란히 느낄 수 있도록 했습니다. 계절마다 다양한 수목들과 조화를 이룬 건물들이 한데 어우러져 이화의 과거와 현재, 미래를 더욱 아름답게 담아내고 있습니다. 이화의 캠퍼스는 그 자체로 전통과 현재, 여성교육의 역사와 미래가 만나는 공간입니다.

Ewha Womans University was established in 1886 by the American Methodist missionary Mary F. Scranton of the Woman's Foreign Missionary Society, its founding values focused on women's lives and the Christian spirit. The school first opened in Scranton's home in the Jeong-dong neighborhood of Seoul under the name Ewha Haktang, with a single enrolled student but soon grew into a comprehensive educational institution, moving to its current Sinchon campus in 1935.

The Ewha campus is located on a site that was deemed auspicious during the Joseon dynasty and served as the royal tomb grounds. In the course of the construction of the new campus, a diverse variety of trees were planted, from gingko to magnolia, to create a landscape that showed off the beauty of the four seasons. With each new season, the harmonious scenery of the trees and buildings shifts and shines, reflecting the vision and spirit of Ewha's past, present and future. It is where tradition encounters the present, where the history and future of women's education merge.

신촌 캠퍼스 시대를 열면서 본관을 시작으로, 캠퍼스의 기본 토대가 되는 대학원관과 중강당, 체육관 A동 등 7개의 건물이 차례로 들어섰습니다. 이후로도 이화여자대학교는 여성을 위한 고등교육기관으로서 제 몫을 다하고자 꾸준히 캠퍼스를 발전시켜 지금의 모습을 갖추게 되었습니다. 특히 2000년대에 들어서는 21세기형 교육 비전에 맞는 시설들을 두루 정비하며 여성 친화적인 교육 환경을 제공하고 있습니다. 2008년 4월에는 국내 대학 최대 규모의 지하 캠퍼스인 이화캠퍼스복합단지(Ewha Campus Complex: ECC)가 완공되어 교육과 연구, 생활과 학습이 어우러지는 신개념의 캠퍼스로 거듭났습니다.

해마다 많은 이들이 이러한 이화의 캠퍼스를 찾고 있습니다. 이에 이화여자대학교는 국내 대학 최초로 종합 방문자 센터인 이화웰컴센터를 열었습니다. 센터 안에 마련된 안내데스크에서는 방문객들이 캠퍼스를 조금 더 친근하게 돌아볼 수 있는 유용한 정보와 학교 관련 정보를 제공합니다.

The current Ewha campus in Sinchon opened in 1935, with its first seven buildings serving as the core of education and administration, which included Pfeiffer Hall, Case Hall, Emerson Chapel, and Thomas Gymnasium. The campus has since gone through numerous developments to take shape as a full-scale institution for higher education. Entering the new millenium, the university has strived to create an optimal environment for the education of women with facilities that cater to new visions for the 21st century. In April, 2008, construction of the state-of-the-art Ewha Campus Complex (ECC) was completed, offering the largest underground campus facility in the country where education, research and student life and activity come together.

Each year, numerous visitors enter the Ewha campus, where they are greeted by the Ewha Welcome Center, the first visitor center to be opened on a Korean university campus. The center's Information Desk provides guidebooks and other publications to help visitors enjoy a memorable tour.

이화, 꿈이 시작되는 곳

1
3

2
4

9
7
5

이화캠퍼스복합단지

ECC

정문을 들어서면 눈앞에 시원스레 펼쳐지는 ECC는 국내 대학 최대 규모의 신개념 지하 캠퍼스 공간으로, 국제초청현상공모를 거쳐 세계적 건축가 도미니크 페로가 설계했습니다. 마치 계곡처럼 가로질러 본관 앞까지 이어지는 형태로 디자인되었습니다. 지하 캠퍼스라고는 하지만, 오픈 밸리를 통한 적극적인 채광과 환기가 가능하도록 꾸며져 있어 지상 공간과 동일한 느낌을 줍니다. 옥상정원을 적극 활용하여 쾌적하고 상쾌한 그린 캠퍼스로 설계되었으며, 오늘의 이화를 상징하는 건물로서 학생들은 물론이고 이화여자대학교를 찾는 많은 이들에게 사랑받는 공간입니다.

Ewha Campus Complex (ECC) is the first structure that visitors encounter as they enter the campus through the main gate, its silhouette unfolding dramatically before their eyes. The design, by the renowned architect Dominique Perrault, was selected through an international competition. The building's internal structure is a vast underground facility, while externally a valley is created to cut across all the way to the historical Pfeiffer Hall. The open valley allows light and air into the underground space, while the roof garden emphasizes the elements and colors of nature. ECC serves as a multifunctional facility for students and visitors alike, and also as an emblem of Ewha's vision for the future.

건축미가 돋보이는 ECC 내부 · ECC's interiors boast distinctive architectural elements

이화웰컴센터 · Ewha Welcome Center

이화의 창립자 메리 F. 스크랜튼 동상 · Bust of Ewha Haktang founder Mary F. Scranton

대강당 쪽에서 본 대학원 별관 Clara Hall viewed from the steps leading to Welch-Ryang Auditorium

대강당

Welch-Ryang Auditorium

캠퍼스에 들어서면 ECC와 더불어 웅장하고 기품 있는 대강당이 가장 먼저 눈에 띕니다. 1956년 완공 당시에는 국내 최대를 넘어 동양 최대의 강당으로 기록되기도 했습니다. 현재 2,800여 명을 수용하는 객석과 300여 명이 설 수 있는 무대 등 방대한 규모와 첨단설비를 갖춘 대강당은 이화인의 예배와 모임, 입학식과 졸업식 등을 비롯해 다양한 문화 행사가 열리는 곳이기도 합니다. 푸른 하늘 위로 펼쳐지는 대강당의 모습은 이화를 찾은 이들에게 왠지 모를 경건함을 불러일으킵니다.

Welch-Ryang Auditorium catches the attention of visitors with its dignified and majestic facade next to the ECC. At the time of its construction in 1956, it held the record as the largest auditorium in Asia. Today the 2,800-seat auditorium is equipped with high-tech facilties and a stage with a capacity of 300 people, and serves the Ewha community as the venue for worship services and formal events including commencement. Its silhouette against the clear blue sky creates an aura of solemnity.

대강당의 봄 A spring scene around Welch-Ryang Auditorium

대강당에서 본관 가는 길　Path leading from Welch-Ryang Auditorium to Pfeiffer Hall

진선미관
Jinseonmi-gwan

본관 뒤쪽으로 걸음을 옮기면 이화여자대학교 교훈에 따라 진, 선, 미라는 아름다운 이름을 지닌 3개의 건물이 나란히 자리하고 있습니다. 바로 진선미관입니다. 초기 건축 당시에는 학생들을 위한 기숙사로 이용되었습니다. 개축을 거쳐 현재 진관은 이화인문과학원으로, 선관과 미관은 교수연구실 및 식당으로 이용되고 있습니다.

*Jinseonmi-gwan stands in a quiet corner at the end of a path next to Pfeiffer Hall. The building, comprising three separate wings, was named after the three cardinal virtues that represent Ewha—truth (*jin*), goodness (*seon*), and beauty (*mi*). It was first built as a student dormitory and now houses faculty offices, cafeterias and the Ewha Institute for the Humanities.*

진선미관 Jinseonmi-gwan

조형예술관 Art & Design Building

이화, 열정이 피어나는 곳

본관 뒤쪽에 자리한 포도길 · A path through the leafy woods behind Pfeiffer Hall

여름날의 본관 · View of Pfeiffer Hall on a summer day

이화역사관

Ewha Archives

총장공관 뒤쪽으로 수목이 우거진 계단을 오르다 보면 마치 시간 여행을 온 듯 고즈넉한 정취의 이화역사관과 만나게 됩니다. 2006년 5월 창립 120주년을 기념하여 봉헌된 목조 건물로, 이화학당 최초의 한옥교사를 복원하여 세워졌습니다. 이화의 역사와 비전을 주제로 한 상설전시관과 기획전시관, 교육실, 기도실 등으로 꾸며져 있어 방문객이라면 누구나 찾아가 한국 근현대사에서 이화의 역할과 의미를 되새기는 시간을 가질 수 있습니다.

Ewha Archives is perched on a hill atop a flight of steps through the leafy woods behind the presidential residence Wichita House. The design of the traditional tile-roofed hanok *was based on the first building that housed Ewha Haktang during the school's early years, restored on the occasion of Ewha's 120th anniversary in 2006. Ewha Archives offers permanent and special exhibitions that highlight Ewha's history and vision, especially the institution's role and significance in Korea's modern history. Also equipped with education facilities and a prayer room, Ewha Archives is open to the public.*

한여름 밤의 ECC · View of ECC on a summer evening

비 오는 날의 포스코관 · View of Ewha-POSCO Building on a rainy day

대강당으로 올라가는 계단 Steps that lead up to Welch-Ryang Auditorium

중앙도서관 내부 Inside Ewha Centennial Library

100주년 기념 중앙도서관

Ewha Centennial Library

캠퍼스가 내려다보이는 언덕에 자리한 지하 2층, 지상 5층의 현대식 시설을 갖춘 석조 건물로, 1986년 5월 창립 100주년 기념일에 봉헌되었습니다. 많은 연구 성과와 더불어, 내일의 꿈을 향한 이화인의 노력과 학구열이 고스란히 배어 있는 곳입니다.

Ewha Centennial Library sits on a hill overlooking the campus, a modern five-story granite structure comprising two underground levels. Dedication ceremony for the building took place in May, 1986, to mark Ewha's centennial anniversary. The library serves as the hub of research, education and academic pursuit for the Ewha community.

아령당 입구 | Entrance to Aryeong-dang

밤에 본 체육관 Thomas Gymnasium at night

이화, 진리가 영그는 곳

본관

Pfeiffer Hall

ECC 너머로 보이는 고풍스러운 석조 고딕 건물이 바로 본관입니다. 1935년 완공된 본관은 ECC와 함께 이화여자대학교를 대표하는 건물입니다. ECC가 오늘날 이화가 지닌 비전을 보여준다면 본관은 개교 이래 꾸준히 이어져온 이화의 전통성을 상징합니다. 건축학적인 아름다움과 역사적 가치를 인정받아 2002년에는 서울시 건축물 등록문화재로도 지정되었습니다. 현재는 총장실을 비롯해 대학 행정본부로 사용하고 있습니다.

Pfeiffer Hall is the Gothic granite building situated atop the hill at the end of the ECC valley. Constructed in 1935, Pfeiffer Hall is emblematic of Ewha's tradition and history, and together with the futuristic ECC, makes up the symbolic center of the campus. Its architectural beauty and historical significance won public recognition when it was designated in 2002 by the Seoul Metropolitan Government as a Registered Cultural Asset. Pfeiffer Hall currently houses the university president's office and the administrative headquarters.

본관 옆문 · One of the side gates at Pfeiffer Hall

조형예술관의 가을 Autumnal view around Art & Design Building

대학원관과 중강당

Case Hall and Emerson Chapel

대강당에서 본관 쪽으로 가는 길에 만날 수 있는 대학원관은 함석지붕으로 된 석조 건물로, 신촌 캠퍼스 시대가 시작되던 1935년에 완공되었습니다. 1948년 증축을 거쳐 오늘날의 모습을 갖추었습니다. 대학원관과 함께 건립된 중강당은 당시 전교생 수를 웃도는 500여 석 규모로 지어졌는데, 오늘날 대학교회의 터전이 되었습니다. 본관과 함께 이화여자대학교의 오랜 전통을 잘 보여주는 건물로 꼽힙니다.

Case Hall is the tin-roofed granite building located between Pfeiffer Hall and Welch-Ryang Auditorium, constructed in 1935 as one of the first buildings on the Sinchon campus and went through an expansion in 1948.

Emerson Chapel, also constructed in 1935, was designed to accommodate 500 people, which surpassed the entire student body at the time, and served as the first university church for Ewha.

The two buildings, along with Pfeiffer Hall, stand as symbols of Ewha's tradition and history.

노랗게 물든 공대길 · Foliage along the path to the Engineering Building

인문관 · Humanities Building

종합과학관

Science Building

진선미관 뒤쪽 언덕 위에 위치한 종합과학관은 한국 여성의 과학교육 발전계획에 따라 설립되었습니다. 모두 4개의 동으로 이루어져 있으며, 한국의 퀴리 부인을 꿈꾸며 공부하는 학생들을 위한 강의실과 실험실, 중앙기기실 및 컴퓨터실 등을 두루 갖추고 있습니다.

Science Building, located on the hill behind Jinseonmi-gwan, was constructed as part of an agenda to seek advancement in science education for Korean women. Comprising four wings, the building is equipped with classrooms, lab facilities, central control room and computer labs to serve Ewha's talented students aspiring to become the next Marie Curie.

이화 포스코관 · Ewha-POSCO Building

해질녘의 중강당 Emerson Chapel at sunset

이화, 추억이 쌓이는 곳

이화여자대학교 박물관

Ewha Womans University Museum

정문으로 들어서서 바로 왼쪽에 보이는 박물관은 독특하고 현대적인 외양으로 이화 캠퍼스에 다채로운 표정을 더해주고 있습니다. 다양한 전시가 연중 진행되고 있으며 기념품점과 서점을 갖추고 방문객들을 기다리고 있습니다.

Ewha Womans University Museum, situated to the left of the campus as visitors enter through the main gate, boasts a distinctive modern silhouette that adds an interesting layer to the atmosphere. The museum offers permanent and special exhibitions year around and also a gift shop and bookstore for visitors.

상설테마전
2013.09.02–2014.07.31
조선시대 여인의
Lives of Women in the Joseon

크리스마스 시즌의 대강당 · Welch-Ryang Auditorium during Christmas season

ECC 쪽에서 바라본 본관 · View of Pfeiffer Hall from ECC

애다기도실 · Ada Prayer's Chamber

화창한 겨울날의 ECC View of ECC on a winter day

대학원별관

Clara Hall

대강당 계단을 오르기 전, ECC 옆으로 아담하고 단정한 건물이 눈에 띕니다. 고딕 석조 양식으로 지어진 대학원별관은 1936년에 완공되었습니다. 1995년부터 대학원별관으로 사용되었고 현재는 여성지도력개발센터가 사용하고 있습니다. 현대적인 느낌의 ECC와 잘 어우러져 이화 캠퍼스만의 멋을 더합니다.

Clara Hall is located at the foot of the steps that lead up to Welch-Ryang Auditorium, a small but elegant granite building constructed in 1936. Since 1995, it has served as annex for the Graduate School and currently houses the Center for Women's Leadership Development. Standing adjacent to the modern silhouette of ECC, Clara Hall adds a touch of tradition to the Ewha campus.

중앙도서관 가는 길 Path leading to Ewha Centennial Library

대강당 앞 눈사람 A snowman outside Welch-Ryang Auditorium

학관

Hak-gwan

후문으로 들어서면 바로 왼쪽에 위치한 ㄱ자 형태의 건물입니다. 강의실을 비롯해 레크리에이션 홀 등 경제성과 실용성에 중점을 두고 지어졌습니다. 주변에 있는 비탈잔디와 목련나무, 벚나무 등과 어우러져 계절마다 색다른 분위기를 자아내고 있습니다.

Hak-gwan is the tall angular building located next to the back gate at the campus's northern tip, housing classrooms and a recreation hall. The building faces a lawn lined with magnolia and cherry blossom trees, which reflect the changing seasons year around.

•

이화를 특별한 곳으로 만들어주는 매력에 대해 이야기하지 않을 수 없다. 서울 도심 완만한 언덕 위에 위치한 이화는 한국적 자연의 아름다움이 잘 살아 있는 거대한 정원이다. 몇 백 년 된 나무들과 줄지어 선 은행나무들이 현대식 건물들에 드리우고, 오래된 석조 건물들을 감싼다. 그렇게 이화의 과거는 현재의 시간과 갈마든다. 정녕 이화는 '배꽃'이라는 교명에 걸맞다. 자연이 이 학문과 지식의 전당을 거대한 수호자처럼 감싸고 있다. 아마도 그것은 자연이 학문의 소명인 자유와 평화와 잘 어울리기 때문이리라. 또한 자연에 대한 사랑과 아름다움의 추구가 이화여자대학교 철학의 일부를 이루고 있기 때문이리라. _J. M. G 르 클레지오, 노벨문학상 수상 작가

One shall not forget to mention the charm of Ewha. It makes this campus a unique place for study. Ewha is built on rolling hills in the centre of Seoul, a suspended garden where all the attractions of Korean nature are present. Ancient trees, regular plantations of gingkos, surround modern high rises and century-old brick and granite buildings, linking the first years of the University to modern times. Indeed Ewha, meaning "pear blossom" deserves its name of a flower. Nature is the ultimate protector of this kingdom of intellect and knowledge, perhaps because nature is in harmony with the mission of liberty and peace – or could it be because the taste for beauty and the love of nature is part of the philosophy of Ewha Womans University? _J. M. G. Le Clézio, Nobel laureate in literature

• 연보

1886 한국 최초 여성교육기관 '이화학당' 설립

1887 한국 최초 여성전용병원 '보구여관' 설립

1910 대학과 설립

1925 이화여자전문학교 설립

1935 신촌 캠퍼스 이전

1946 종합대학교 제1호 인가

1950 이화여자대학교 대학원 신설

1951 부산 피난교사 개교

1986 이화 창립 100주년

1996 세계 여자대학 최초 공과대학 설립

2006 개발도상국 여성 인재 대상 학위과정 프로그램(EGPP) 신설

2008 국내 대학 최대 규모의 친환경 지하 캠퍼스 ECC 건립

2014 산학협력관 준공

• Chronology

1886 Ewha Haktang opens as Korea's first educational institution for women.

1887 Boguyeogwan opens as Korea's first hospital exclusively serving women.

1910 College courses offered at Ewha Haktang.

1925 Ewha College founded.

1935 Ewha campus moves to Sinchon.

1946 Ewha Womans University becomes Korea's first university to receive official government accreditation.

1950 Ewha Womans University Graduate School established.

1951 Ewha opens evacuee campus in Busan following the outbreak of the Korean War.

1986 Ewha's 100th anniversary.

1996 Ewha establishes world's first women's engineering college.

2006 Ewha Global Partnership Program launched.

2008 Ewha Campus Complex opens as Korea's largest environment-friendly underground campus.

2014 Ewha University-Industry Cooperation Building opens.

사진 소개 Photo Credits

©장은혜

©이필두

©이필두

©성남훈

©장은혜

©이필두

©성남훈

©장은혜

©성남훈

©이필두

©이필두

©장은혜

©이필두

©이필두

©장은혜

©임석재

©이필두

©성남훈

©이필두

©이필두

©이필두

©이필두

©이필두

©장은혜

©이필두

© 장은혜

© 이필두

© 성남훈

© 권경용

© 성남훈

© 장은혜

© 장은혜

© 장은혜

© 이필두

© 임석재

© 임석재

© 임석재

© 이필두

© 권경용

© 이필두

© 성남훈

© 성남훈

© 장은혜

© 성남훈

© 장은혜

© 성남훈

© 성남훈

© 성남훈

© 장은혜

© 장은혜

© 장은혜

© 성남훈

Scenes from EWHA

 | 펴낸날 · 초판 1쇄 2015년 5월 2일 | 엮은이 · 이화여자대학교출판부 | 번역 · 정하연 | 펴낸이 · 김훈순 | 펴낸곳 · 이화여자대학교출판부
주소 · 서울특별시 서대문구 이화여대길 52(우03760) | 등록 1954년 7월 6일 제9-61호 | 전화 · 02) 362-2966 (편집), 02) 362-6076 (마케팅) | 팩스 · 02) 312-4312
전자우편 · press@ewha.ac.kr | 홈페이지 · www.ewhapress.com | 편집 · 이정원 | 디자인 · 송윤형 | ISBN · 979-11-85909-28-8 03660 | 값 · 10,000원